AF260311

LETTRE

D'UN MAIRE AUX MAIRES, ADJOINTS ET MEMBRES DES CONSEILS MUNICIPAUX

ÉDITION REVUE

ANGERS

IMPRIMERIE J.-T. DUMONT, RUE DE L'ESPINE, 2

Lettre d'un Maire aux Maires, Adjoints et Membres des Conseils municipaux (1).

Angers, le 2 octobre 1871.

CHERS COLLÈGUES ET CONCITOYENS.

Nous sommes convoqués le 8 octobre pour l'élection des conseillers généraux du département. Je viens en causer avec vous, à la dernière heure.

Nos élections municipales du 30 avril ont rendu aux com_munes leur indépendance. Nous tenons d'elles-mêmes l'administration de leurs intérêts. Le principe électif appliqué dans sa vérité donne à notre modeste pouvoir une légitimité que peuvent envier de grandes assemblées.

Les préfets n'imposent plus des maires et adjoints nommés, révoqués selon leur bon plaisir. Que pouvaient-ils être

_____

(1) Nous empruntons un titre qui n'est pas le nôtre. Nous le dé-clarons. On nous pardonnera une fiction indifférente.

dans ces conditions, sinon des serviteurs dociles ? La faiblesse de la position entraînait celle des caractères. Ils s'as-
souplissaient à toutes les volontés dirigeantes ; à la merci des
intrigues qui s'agitaient à la préfecture dans les affaires de
quelque importance. Les fausses mesures, les dépenses
stériles mécontentaient les populations, impuissantes à les
empêcher. Elles épuisaient arbitrairement les ressources de
la commune.

Maintenant nous sommes libres, sous l'autorité des lois
générales et le contrôle de nos concitoyens. Notre responsa-
bilité est engagée chaque jour devant eux par nos actes
administratifs ; nous le savons. Unis ensemble d'intérêts, de
relations et de sympathie, nous nous faisons un devoir d'é-
couter les observations, d'étudier les vœux, les besoins, d'é-
pargner et de féconder les revenus dont nous disposons. Le
bien public y gagne quelque chose, nous en avons la confiance. Il ne nous est pas permis, chers collègues et concitoyens, quelles que soient nos opinions, d'oublier que cette
organisation salutaire est un bienfait du suffrage universel
·et du gouvernement de la République.

Il en est peu à regretter l'ancien régime administratif ;
peu de communes consentiraient volontairement à son re-
tour. Eh bien, ce danger nous menace ; il nous menace,
dissimulé par une autre forme. La loi sur les conseils généraux, votée le 10 août dernier par l'Assemblée de Versailles,
a, sinon pour but unique, au moins pour résultat certain de
le ramener. Les anciennes préfectures qui distribuaient les
fonctions communales sont ressuscitées, sous le nom de
conseils généraux. Ces corps n'étaient jusqu'ici qu'une espèce de rouage administratif, sous la direction des préfets.

Ils sont désormais un pouvoir. Les préfets passent à leur contrôle ; ils sont révoqués presque entièrement de leur autorité sur les communes. C'est aux conseils généraux que nous aurons désormais à nous adresser, dans toutes les affaires importantes. Nous allons avoir à traiter avec des maîtres plus passionnés, et peut-être plus impérieux.

Cependant, entre l'autorité des préfectures et celle des conseillers, tutelle pour tutelle, celle-ci a du moins à sa base un avantage signalé sur l'autre. Le suffrage universel est ici le maître supérieur ; il nomme les conseils généraux. Une institution généreuse soumet à notre choix les membres de cette corporation. Son autorité nous sera bienveillante, ou peut nous être tyrannique, selon que nous porterons aux scrutins les noms d'amis ou d'adversaires de la liberté communale et de toutes les libertés publiques. Ces adversaires, nous les connaissons Si nous négligeons notre devoir électoral, si les bons citoyens ne se rallient pas avec énergie pour les repousser, l'élection du 8 octobre sera une calamité publique. Notre servitude sera notre ouvrage.

Considérons que le conseiller général de canton que nous allons nommer sera notre intermédiaire obligé auprès du Conseil. C'est par lui que nous aurons à faire parvenir nos vœux, nos réclamations, nos protestations. Que dis-je ? C'es lui-même qui en sera juge, si la mauvaise composition de cette assemblée y fait prévaloir l'esprit d'intrigue et de monopole familier au parti dit conservateur, lequel n'a jamais rien conservé. Les principes seuls sont conservateurs. Quel est le sien ? il n'en connaît pas un commun.

Par une déférence réciproque et intéressée, les membres du Conseil général transféreront à chacun d'eux l'autorité de l'Assemblée sur le canton qu'il représente. Dans cette fraternelle mutualité, le Conseil se fera une règle presque générale de ne voir que par ses yeux, de n'entendre que par sa voix. Quelle opposition sera assez autorisée pour combattre avec succès ses affirmations et le vice de ses conclusions ? Il décidera ; il ne trouvera pas des contradicteurs,

Il y aura plus encore. L'autorité d'influence du conseiller général local s'étendra à des questions qui ne sont pas au même degré de sa compétence. Grâce à la puissance dn corps dont il fera partie, il pèsera sur les intérêts d'administration générale et de police. L'instruction publique, l'option entre les instituteurs laïques et d'ordres religieux, les conflits trop fréquents entre les autorités communale et ecclésiastique seront le théâtre passionné de son ingérence. Notre droit moral ne sera rien. Il subira tous les envahissements. Nous sommes en présence de partis que les limites ne gênent pas. Ils sont hardis, astucieux, hautains, entreprenants, de ces gens dont on dit qu'ils prennent quatre pieds dans la maison qui leur en donne un. Si notre conseiller général est un de leurs affiliés, l'élu des châteaux et des presbytères, toutes les communes seront sous sa loi. Il nous apprendra que nous, notre droit électoral et nos électeurs sommes de minces personnes. Chaque canton aura un noble seigneur. Sa main distribuera aux communes les grâces et les disgrâces, les secours ou charges et surcharges que répartit le Conseil général. Elles seront maîtrisées dans leurs intérêts, nous dans notre droit à une liberté nécessaire. Cette législation usurpatrice est un regard d'envie vers l'ancien régime. La droite de l'Assemblée de Versailles l'a mis dans sa loi autant que le siècle le comporte. Le changement de formes masque aisément l'identité des choses, et un autre costume le même personnage.

N'incriminons pas les intentions, apprécions les choses en elles-mêmes. Les représentants ont imaginé un corps administratif supérieur, sous le nom de Conseils généraux. Son autorité toute puissante, directe, s'étend sur les maires, les Conseils municipaux, l'action et le territoire des communes. Nous sommes *immédiatisés*, comme cela s'appellerait dans d'autres pays. L'autorité propre des administrations municipales est presque abolie. Nous ne sommes plus juges du bien ou du mal de notre œuvre. Notre connaissance intime des faits, notre conscience résisteront peut-être souvent à des résolutions mal conçues. Notre devoir est d'obéir et d'exécuter.

C'est ainsi que, sous prétexte de décentralisation, le libéralisme des émigrants de l'Assemblée a concentré la souveraineté de trente personnages sur les communes et leurs intérêts matériels et moraux, dans tous les départements. Cette espèce de seigneuriat électif pèsera-t-il moins que le seigneuriat de naissance d'autrefois ? sera-t-il moins impérieux et moins arbitraire, surtout si nous élisons ses héritiers ? sera-t-il moins intolérable aux populations ? Puisse-t-il finir bientôt avec une obscure Assemblée. Elle y aura déposé son àme, qui ne la rendra pas immortelle.

Les Conseils généraux resteront sans doute sa grande conception. On ne fait pas deux fois de pareils chefs-d'œuvre. Une loi sincère n'a pas de secrets comme celle-ci, son horizon n'a pas de nuages. Elle n'est pas une machine à triple ressorts, aux mouvements illimités et inappréciables. La permanence de ces Conseils dans la personne de quel-

ques membres, leurs affiliations provinciales, les délibéra-
tions à huis-clos, entre enx, de leurs présidents, les solutions
arbitraires qu'une puissance sans frein défini peut être ten-
tée de puiser dans sa propre force, même avec de saines
intentions, constituent un pouvoir révolutionnaire. Un lé-
gislateur sage n'ouvre pas carrière à ces tentations. La plus
sévère condamnation d'une loi c'est l'inconnu mis à son
service. Les *hommes d'ordre* qui ont fondé l'établissement
de ces Conseils ont mis sous la main des hommes de désordre un instrument explosible qui peut faire un jour sauter la
constitution et le pays. Il restera comme un thermomètre
de leur intelligence et de leur volonté patriotique. Nous ne
nous permettrons pas d'en dire le degré.

Sous un aspect plus étendu, cette élection peut être le
signal d'une crise redoutée ; elle peut poser la question de
gouvernement entre la droite de l'Assemblée et celui de
M. Thiers. Un souffle affolé du suffrage universel dans cette
nuit d'orages et de sang, l'invasion prussienne, a poussé une
majorité subreptice à l'Assemblée de Versailles. Vingt départements allaient au scrutin sous le coup des meurtres et
des incendies ; les esprits partout ailleurs n'étaient guère
plus maîtres d'eux-mêmes. Si l'élection nouvelle la renforce
de majorités du même ordre dans les quatre-vingts Conseils
généraux de départements, le gouvernement sera emporté.
Aux premières séances de la Chambre, ses conventionnels,
les Belcastel, les Dutemple, tant d'autres, proclameront le
règne de Henri V et le drapeau blanc ; sa faiblesse sera
entraînée. Les Conseils généraux les acclameront de même
dans nos villes, qui les répudient avec énergie. Une telle
violence faite à la nation provoquerait des troubles inévita-

bles. Qui peut penser avec sang-froid aux suites d'une folie criminelle, et pourtant probable ? La tragédie se compliquerait de l'entrée en scène d'un acteur inexorable. La France plie encore sous le poids des canons de l'armée prussienne. Sous prétexte d'anarchie, d'absence de pouvoir et de garantie, l'invasion reprendrait sa marche ; elle passerait sur nos contrées qu'elle a touchées, mais n'a pas atteintes. Elle acheverait la ruine de notre malheureux pays. La France aurait à s'y soumettre ou à reprendre la guerre. Voilà le sort que lui garde peut-être le succès de nos adversaires.

Je n'exagère rien ; je pressens. Les événements ont leur logique, et je ne fais que les traduire d'une induction trop vraisemblable. Que gagneraient à leur faux triomphe les hommes qui le poursuivent si obstinément ? Ils seraient frappés comme nous dans leurs familles et dans leur fortune. La férocité prussienne ne connaît en France qu'une classe et une proie. Elle porte le niveau de la destruction dans les châteaux comme dans les plus pauvres demeures. La force est son droit. Devant lui il n'y a pas de droits ni de priviléges.

C'est à l'élection de nous en sauver.

Celui qu'ils appellent Henri V ne peut inspirer aucun sentiment de haine. Un long exil a fait de lui un inconnu pour l'immense nombre des citoyens. Son histoire personnelle se borne pour nous à ce manifeste qui a été son récent adieu. C'est la loyauté jusqu'au sacrifice. On n'en trouverait pas un second exemple dans le monde des princes de ce temps. Mais c'est en même temps l'héritage des idées fausses qui ont deux fois perdu sa famille. Son trône s'écroulerait sous le choc des mêmes catastrophes ; de pareilles chutes retentissent toujours en lourdes ruines sur le pays.

Ce n'est plus l'alliance de la papauté, du clergé, l'ascendant de la religion qui rattachent aujourd'hui les peuples. Leur puissance est passée à d'autres principes. Ce sont les institutions sages, sincères, fortes, égalitaires. Son programme ne les contient pas. Le clergé emprunte aux gouvernements bien plus de vitalité qu'il ne leur en rapporte. Le respect pour lui n'a plus de prestige. Son autorité peu populaire est sans influence efficace en France, même sur les foules dont il disposait autrefois. Croyance religieuse, croyance morale, croyance politique, vingt ans d'empire ont tout effacé chez la génération qu'il a élevée. Le comte de Chambord a peut-être compris cet état de choses. Il s'est retiré devant lui avec dignité, dans l'affirmation de son principe et de son drapeau.

Combien n'avons-nous pas le droit de réprouver l'ambition des *conservateurs* de son parti ! Impuissants désormais pour son bien même, ils ne peuvent qu'amener d'immenses malheurs suolui et sur la patrie.

Depuis cette Révolution détestée qui a affranchi nos personnes et nos terres de durs vasselages, ils poursuivent la lutte impuissante. Ils tentent de relever encore le trône et l'autel qui les absorbaient. Grâce aux désordres de l'invasion, ils ont usurpé la majorité à la Chambre des représentants. Ils sentent que la France leur échappe. Notre peuple ne veut plus entendre à leur gouvernement, dans les campagnes comme dans les villes. Née d'une surprise, cette fiction ne peut vivre que de surprises. Ceux qui l'ont faite vont jouer leur dernière partie vis-à-vis nous, ils le savent, à cette rencontre dans notre salle municipale. Il faut voir le souci et les soins qu'ils mettent à cacher leurs cartes, à détourner tous les regards de la coupe de roi qu'ils préparent. Il est curieux et instructif de les entendre ; ce serait amusant, si au fond cela n'était triste. Admirez le ton grave de leurs pieuses feuilles, écoutez-les :

La politique n'a rien à voir dans les scrutins du 8 octobre, disent-ils. Pour eux, ils n'y poursuivent qu'une perspective : la sagesse et la sûreté de l'administration des départements. Hommes de religion, d'ordre, de stabilité, ils y convoquent les électeurs en pleine innocence, incapables d'une secrète pensée. Les républicains seu's enveniment tout de leurs passions ; ils les suspectent, les calomnient. Ils gâtent cette fête de la renaissance départementale. Sans leur présence et leurs discours, les populations unies, fraternelles afflueraient aux urnes, un rameau depaix à la main, comme aux processions des grands jours, conduites par l'Église. L'esprit de parti qu'ils y apportent est une révolte contre le bon sens et la simplicité de la circonstance. *Les honnêtes gens*, les modérés la jugent ce qu'elle est Leurs votes n'y représenteront qu'une pensée de bien public, d'administration *honnête* et de paix.

C'est parler d'or ; depuis deux mois leurs plumes distillent des trésors de ce pur aloi. Mais si vous regardez à l'acte au lieu du serment, voici leur manière de prêcher d'exemple : tous leurs candidats sont légitimistes, tous bons gentilshommes dévoués au *roy ;* ou bourgeois gentilshommes à leur suite dans le pays ou à l'Assemblée, brevetés portebannières du clergé et de la noblesse. C'est une levée de chevaliers, mêlés de vilains, à la conquête de la monarchie légitime et des titres, des charges que toute royauté doit à ses élus. La nation règlera les comptes.

Que faire devant eux ? Leur système inspirera le nôtre.
Ils ouvrent la voie des exclusions ; suivons-la. Adoptons,
chers collègues, et proposons aux citoyens ce mot d'ordre
électoral : Pas de légitimistes, pas de gentishommes ; ils
ont des idées à eux, des intérêts à eux. Pas de restauration !
pas de révolution blanche ou rouge !

C'est l'écho de la France presque entière.

Le scrutin va nous remettre en présence, comme électeurs, de grand nombre de nos concurrents aux fonctions
municipales. Les mêmes personnages daignaient briguer
l'écharpe aux trois couleurs dont nous sommes revêtus. La
porte de notre maison municipale leur a été refusée. La gé-
néreusé Assemblée de Versailles dans sa sympathie a bâti
pour eux un palais, celui du Conseil général. Elle le leur
dédie pour revanche. Le conseiller général y sera, en effet,
le maire des maires du canton. Mais on y entre pas en car-
rosse. On ne l'aborde que par un défilé étroit, l'élection. Il
faut le franchir.

Les mêmes électeurs qui, le 30 avril, leur ont fermé le
passage le défendront encore. Sachons les éveiller à temps;
couvrons les approches. C'est à nous de les éclairer sur le
sens des nouveaux suffrages, comme i's l'étaient d'eux-mêmes pour notre élection. Leurs opinions sur les candidats
que nous repoussons sont toujours les mêmes. Apprenons-
leur à traduire encore leurs sentiments dans les bulletins.
Ce sont nos voisins, nos amis. Visitons-les ; en toute rencontre, entretenons-les de l'unique pensée du moment,
l'élection. L'accomplissement du devoir civique ne leur demande ni grand temps, ni peine. La mairie est à deux pas
d'eux ; ils n'ont qu'à étendre la main sur les urnes. Quant à

nous, négligeons un moment pour lui nos propres affaires. Songeons que quatre à cinq jours d'activité et de vigilance peuvent produire un bien de six ans : c'est la durée du Conseil général. Si nous l'emportons, jamais nous n'aurons semé avec moins de mal et de frais une si bonne récolte.

Le temps presse ; depuis deux mois nos adversaires sont en campagne. Ils ont frappé à toutes les portes ; ils ont peut-être surpris des promesses. La loi des Conseils généraux ne pouvait être comprise dans les premiers jours ; elle était encore ignorée. Une pareille surprise n'engage pas. La los civile même annulle toute surprise. La loi de conscience la dédaigne et la répudie.

S'est-on entendu dans le canton sur le choix des candidats ? C'est le point suprême. Ils sont l'axe de l'élection ; tout part de là et tout y ramène. Cette œuvre, cher collègue, est notre mission spéciale : nos concitoyens nous l'ont imposée par leur confiance. Réunissez-vous en comité, si vous ne l'avez pas fait encore ; appelez à vous les électeurs les plus connus par leur patriotisme et leur influence. Pas un jour d'attente ! Proposez aux candidatures des hommes de considération, de capacité, de dévoûment à la République pure et progressive que nous invoquons. Opposez leurs noms honorables que peuvent présenter nos antagonistes. Il y aura toujours entre eux une distance sentie des populations. Nous sommes le parti de la liberté ; nous avons toujours lutté pans ses rangs. Ils sont les aspirants du privilége. Leurs votes nous ont imposé cette Assemblée, dont les conseils généraux sont l'arme mortelle contre toutes les immunités communales.

Il ne suffit peut-être pas d'arrêter le nom des candidat

Faites plus ; sollicitez, s'il le faut, les candidatures. Au nom des pressants intérêts du canton, au nom de la patrie menacée par les complots intérieurs et par l'étranger, déterminez des hommes modestes, qui résisteraient, à accepter une fonction d'une grave influence. Elle est un danger ; leur présence le désarmera. Elle peut donner à l'institution une action féconde. Leur vie privée les a désignés à la considération du pays : leur dévouement au service public, à une époque où il a tant besoin de tous les secours, attachera pour toujours à leurs noms sa reconnaissance.

Recueillons-nous, chers collègues et concitoyens, et apprécions à sa valeur notre fonction électorale. Son importance se manifeste dans son étendue à ces comices universels dont l'un va nous réunir. La nation y est convoquée simultanément, toute entière. Elle se lève et se fait entendre. Son opinion parle d'une seule voix, *vox populi*. Le suffrage universel rend son arrêt dans ces grandes assises nationales. Les partis rivaux s'y mesurent ; ils sont jugés dans leur puissance. Soit qu'il s'agisse de l'élection des représentants à l'Assemblée nationale, ou de celles des assemblées départementales et communales, leur portée morale dépasse ces limites. La volonté du pays se manifeste dans l'absolu de la vérité. Le pouvoirs d'emprunt, d'intrigue et de bruit tombent à leur valeur.

L'élection prochaine est un de ces rayons d'électricité qui de temps en temps passe sur les partis. Il va descendre sur nos adversaires, la *droite* et l'église ultramontaine alliées. ils ne tiendront pas, nous l'espérons, devant cette épreuve. On les verra décomposés, isolés, rejetés comme des éléments hétérogènes, sans affinité dans la nation. La ma-

jorité de l'Assemblée nationale sera frappée de la même at-
teinte ; son autorité politique ne survivra pas à cet écroule-
ment de sa base. On reconnaîtra qu'elle n'est qu'une fiction,
une usurpation. La légalité peut la maintenir contre le droit,
mais ébranlée, discréditée, en dissolution. Elle est un nuage
snspendu sur le pays ; il porte la menace d'une révolution,
alarme les esprits, trouble les affaires. L'élection départementale sera l'aiguille qui dissout l'orage et rend à l'horizon la sérénité.

Telle est la vertu des institutions libérales. Elles mettent
en présence les partis et les neutralisent. Elles leur ouvrent
un champ de guerre civile qui ne coûte ni sang, ni larmes,
ni désastres. Elles llvrent des batailles pacifiques qui imposent une trève aux vaincus et aux vainqueurs. La liberté
peut en attendre des journées aussi décisives, et plus heureu-
sement nationales, que des Savenay et des Quiberon.

Est-il besoin de recommander le respect des opinions et
des personnes, d'éviter les provocations, les querelles, les
rixes, les tumultes ? Ce sont-là de premiers devoirs. Leur
accomplissement est l'honneur de ces rendez-vous de la
liberté où elle convoque le même jour des millions de citoyens, jusqu'aux confins des territoires les plus ignorés,
où elle fait appel à leur énergie, à leurs passions politiques,
à leurs divisions même qu'elle met en présence. Ils doivent
les exhaler et les contenir. Ces jours de débordement populaire sont de nobles épreuves. La concorde y est un miracle
d'esprit de justice et du sentiment réciproque des droits.
Nulle autre n'exprime si clairement le degré de civilisation
d'un peuple. Ici s'affirme une fois de plus l'élévation propre de la nature et des mœurs de notre pays. Il est encore

dépourvu de l'instruction qui en semble la base nécessaire. N'est-ce pas le crime des gouvernements ou partis qui craignent l'expansion des lumières? Rarement , néanmoins , il donne le spectacle des scènes grossières, outrageuses qui ne manquent jamais ailleurs. Un fond de justice et de droiture nationales l'en sauvent. On peut même invoquer ici sans témérité le souvenir de cette insurrection anarchique, aveugle ou perverse dans ses théories, criminelle dans ses violences, la *Commune.* Les meurtres, les incendies inouïs de propriétés privées et publiques , furent les actes de fous furieux , isolés , maîtres sur quelques points. Paris a été pendant deux mois à la discrétion des classes pauvres armées, des masses ouvrières, il n'était de garde effective qu'elles ? On a vu le centre de l'opulence du pays, le dépôt de tant de richesses à la merci de la souffrance , de la misère, de l'irritation fomentée par le désespoir du patriotisme, et par des doctrines spoliatrices. Au milieu de ces ivresses, la probité populaire élevait un mur entre les besoins, le désordre et les trésors de mille maisons particulières, le milliard d'une Banque. Quelle autre *populace*, même dorée et également libre, eût donné un pareil exemple ? Ce n'est pas, du moins, la populace lettrée qui grouille dans l'armée allemande, commandée par des rois, des princes, des barons. Les pillages, les meurtres, les violences violaient sous leurs yeux et sous une discipline prétendue de fer, toutes les lois de l'honneur et de la guerre.

Pas d'abstention. Notre cause est celle du droit et de l'intérêt général. Nous sommes cités comme ses témoins à comparaître et à l'affirmer. Que pas un ne manque à ces rendez-vous! Si nous nous croyons en petit nombre dans notre collège, ne craignons pas de nous compter devant nos adversaires. Ils verront que nous ne renonçons pas à la lutte et que ce sera plus tard à recommencer. Une attitude ferme est déjà une demi revanche ; elle soutient les faibles et peut déterminer les indifférents, toujours trop nombreux. Notre défaite même les avertira du danger. Le salut commun est dans nos principes ; ils le sentiront. C'est ainsi que l'opinion, parfois égarée et irréfléchie, revient aux bonnes causes. Combien de fois une petite minorité est devenue l'immense majorité à une élection suivante ! L'abstention est un abandon. Une cause qui semble abandonnée tombe dans le mépris; maintenons le respect de la nôtre ; ne doutons jamais de son avenir. La foi est communicative. Ayons confiance dans la raison ; elle finit toujours par avoir raison. Mais au milieu des contradictions, des critiques, des calomnies il est besoin qu'on parle pour elle. Le vote est sa voix la plus haute et la mieux comprise. Le pays saura par les nôtres qu'il a partout des défenseurs. Donc pas d'abstention. Soyons tous présents au scrutin.

L'étranger, l'ennemi, Prussien et Allemand, prêche publiquement à ses enfants, presque au berceau, dans les villes et les villages la haine de la France. Nous avons recueilli les fruits de cette éducation perverse dans la dernière guerre ; l'Allemagne en gardera dévoilée la honte sans fin. C'est ainsi que les mauvais instincts natifs d'une race corrompent cette source naturelle du bien, honneur des nations civilisées, l'instruction. Nous ne les imiterons pas. La France, elle, ne vise qu'aux élévations. Elle n'enseignera pas les passions viles. Nos écoles appeleront le peuple au devoir, au dévouement, à la liberté. Les cœurs affaiblis par l'empire se nourriront de ces généreux sentiments. Ils sont une sève selon leur nature ; ils se l'assimileront sans peine. Réveillons dans notre pays, chers concitoyens, l'amour de la liberté et de la patrie. L'une et l'autre sont de droit droit divin comme les religions. Ils en sont une. Elle épure les âmes comme les cultes ; elle leur impose les mêmes lois morales. Un peuple n'abjure pas toute croyance impunément. Il lui faut un idéal divin qui l'inspire, l'éclaire, le féconde. Le culte de nos aïeux s'est séparé de la liberté ; il est aujourd'hui vaincu par elle ; son autorité baisse dans les esprits ; elle s'y fortifie. La patrie et la liberté sont des dieux connus de nos pères. La France a tout à coup grandi sous leur foi à des proportions inouïes ; l'Europe a connu leurs miracles. Ils élèvent comme les religions à l'enthousiasme et au sacrifice jusqu'à la mort. Dans tous les pays, ils ont rempli l'histoire de grands noms, souvenirs des grandes âmes qui les illustrèrent. Ils en ont peuplé nos champs de bataille. Que n'ont-ils pu renaître ces généraux et ces soldats de notre longue victoire de vingt ans ? La Prusse et l'Allemagne ne soutenaient pas leurs regards. Où étaient leurs fils aux jours de notre cruelle épreuve ? Ils n'en avaient pas, ou un petit nombre. L'esprit des pères avait suivi ses dieux oubliés. L'invocation à la liberté et à la patrie le fera renaître chez les descendants. Les cœurs secs et froids, les bras énervés se retremperont. L'ennemi, s'il menace encore, retrouvera un peuple français.

Redoublons d'efforts et de sacrifices pour multiplier les instituteurs. Ne laissons pas le prétexte des longues distances aux pères et mères insouciants. Que l'école aille chercher l'enfant le plus près possible et n'impose aucune charge au pauvre. Notre tâche remplie, c'est à la loi d'achever l'œuvre de régénération de notre pays par l'instruction obligatoire. Une longue expérience du passé prouve qu'il n'y a rien à espérer sans elle ; l'instruction libre a fait le présent ; il est notre honte dans la paix. L'ignorance est notre danger dans la guerre.

On objecte la liberté violée du père de famille. Quelle liberté ! Celle de mutiler son enfant d'une force qui, dans toutes les carrières, double sa valeur naturelle. Tout le monde reconnaît la supériorité de l'ouvrier, de l'artisan instruit sur celui qui ne sait pas lire ; il est recherché des patrons, ses journées sont payées plus cher, d'un tiers ou du double ; il reste le dernier, ils le gardent dans les ateliers au temps des chômages ; il devient souvent patron à son tour. De même pour le cultiva'eur. Les simples notions qu'i doit recevoir à l'école lui apprennent à réfléchir, à juger sa terre, à lui donner ce qu'elle demande et à en tirer, à moins épuisement, ce qu'elle peut donner ? Ces avantages sur l'ignorance sont incontestables. A 'quels calculs étroits et avides le père ignorant sacrifie-t-il cet avenir de toute la vie de ses enfants ? Aux bénéfices journaliers de quelques centimes qu'ils en retire soit à la maison, soit au dehors, pendant leurs années de faiblesse. Comprend t-on ces cris de presse, de tribune sur cette liberté violée ? Aveugle pour lui-même comme pour eux, il tarit la source de secours plus faciles, plus larges qu'ils offriraient à sa vieillesse et que la loi même lui assure, selon leur pouvoir.

Il n'aurait pas besoin d'invoquer la loi. L'instruction enseigne le devoir. Elle rappelle aux jeunes les soins donnés à leurs premiers ans, ils comprennent la reconnaissance.

Elle les initie à la société, aux lois morales dont le respect ou l'oubli décide presque toujours de chaque destinée. Le travail lui apporte l'aisance, ce bon conseiller, qui améliore pour soi et pour les autres. L'homme s'y encourage à la bonne conduite; à l'économie, à l'espérance, au sentiment de l'avenir. L'ignorance le laisse aux instincts. Les satisfactions du moment l'entraînent; de là les désordres, la paresse, les crimes.

Ces étranges amis de la liberté protègent celle du père. En revanche leur dévouement à l'ignorance viole avec lui la loi sociale et la loi divine. Grâce à eux, des populations sans nombre naissent et meurent sans entrer, selon leur nature, dans l'humanité. L'intelligence seule la separe de l'animal. Elle la porte en soi, mais assoupie, chargée de ténèbres, un germe de lumière éclatante peut-être qu'elles étouffent, si la société ne lui ouvre le jour. Depuis de longs siécles des millions d'hommes n'y pénètrent pas. Ils passent sur la terre, ignorés, s'ignorant eux-mêmes, comme les animaux qu'elle exploite.

Nous combattons, chers concitoyens, cette fatalité. Nos écoles prendront les enfants de l'ignorance. Elles en feront des hommes, nos amis, nos égaux. Sous quelques années, ils porteront des votes éclairés dans nos élections, quelques-uns entreront dans nos assemblées, ils y défendront avec dévouement et reconnaissance la liberté, l'instruction, la République qui les ont rachetés.

L'Etat doit être le dispensateur des études. Il est le professeur de la cité, il y forme des citoyens. Les cultes sont les professeurs de religion ; qu'ils la leur enseignent dans les temples, que sous le titre d'aumôniers ou autres, ils les instruisent dans les écoles, c'est l'ordre rationnel, social, légal ; il répond à tous les besoins, à toutes les sollicitudes. Les confessions diverses le reconnaissent ; leur foi n'a pas à en souffrir.

Le clergé catholique seul proteste. Pourquoi ? Sous le nom de liberté de l'instruction, il prétend à l'indépendance de l'état dont il est un membre ; il fonde et gouverne à son gré de nombreuses écoles. L'instruction est une si bonne chose et si nécessaire, qu'il coûte de se refuser à tous les moyens de la répandre. L'expérience seule peut légitimer une telle résistance. Elle se vérifie tous les jours : l'Etat doit maintenir son principe. L'Eglise romaine s'est séparée de la patrie française, elle est sous la domination d'une autre ; qu'elle se rallie et adopte nos institutions. L'Etat lui confiera sans crainte l'éducation d'une partie de la jeunesse. Jusque-là, sa possession n'est pas un droit, mais une tolérance. La transition du passé à l'avenir, dont il a la charge, lui permet de composer avec les habitudes, de tolérer et de seconder des établissements encore nécessaires. Quant aux études supérieures, elles appartiennent à l'Etat. Elles forment les hommes préposés bientôt à la diriger. Il doit à sa fidélité envers lui-même, à la conservation sociale, à celle des institutions qui en sont la base, d'y maintenir son autorité. Elle est de droit public. Ce droit est au-dessus des dépositaires du pouvoir et inaliénable. Les principes seuls peuvent conserver l'ordre. Dès qu'on les abdique, les usurpations prennent leur place ; la dissolution sociale apparaît avec ses dangers

Est-il possible de la méconnaître dans quelques-uns des établissements du clergé ? Est-ce une chose d'ordre que de

les voir s'ingérer dans la direction d'études les plus étrangè-
res par leur but, le plus plus opposés à la mission du prê-
tre chrétien ? Grâce aux influences, aux richesses qu'il a le
secret d'appeler à lui le clergé prend la haute main sur les
études spéciales qui ouvrent la carrière des armes. Une fausse
liberté lui livre les clefs des écoles militaires et polytechni-
ques. Les évêques entretiennent ainsi à côté de leurs séminaires ecclésiastiques, des séminaires d'officiers de cavalerie,
d'infanterie et d'artillerie. Ils peupleront demain nos armées.
Que diraient-ils si l'Etat instituait des ecoles de théologie libres, à côté des leurs, si la loi les obligeait à recevoir au con-
cours les sous-diacres, diacres et prêtres que le savoir en ferait
sortir Ils diraient qu'on y a pu s'instruire des formules, mais
que le parfum de l'autel, la foi, le dévouement, l'amour n'ont
pas pénétré les élèves. Ils protesteraient d'une conspiration
contre l'Eglise. L'Etat n'a-t-il rien de semblable à répondre
à ces écoles ? Ces professeurs de sciences militaires ensei-
gnent-ils aux leurs le zèle des libertés nationales de consti-
tutions condamnées à Rome. Les préparent-ils à les défen-
dre des entreprises de Rome même? L'Etat a-t-il moins
que l'Eglise le droit la volonté de se protéger ? il est la
patrie ; et a pour devoir, au dessus de tous et de tout, d'ac-
cuser et de déjouer les conspirations.

Ceux d'entre vous, chers concitoyens, qui habitent les
villes apprennent plus particulièrement quels germes d'édu-
tion nationale on sème dans un grand nombre de ces établissements d'instruction secondaire, élémentaire même.
L'opposition de nos conseils municipaux n'a pas d'autre
source. Elle n'est pas la guerre à la religion ; on le prétend,
le croit peut-être chez elle. Non ; elle est la prudence défen-
sive des libertés publiques et de l'avenir.

Fais ce que dois ! Puissent nos efforts prévenir les dangers de cette loi du 10 août. Le caractère oppressif d'une loi peut être effacé par l'esprit de justice et de bienveillance du juge. Un de nos proverbes dit que *tant vaut l'homme, tant vaut la terre.* On peut plus sûrement l'appliquer aux lois. Il en est peu de mauvaises pour un juge sage ; et point de bonnes pour un méchant homme à son tribunal. Choisissons bien notre représentant. Un conseiller général, ennemi d'une loi ennemie, en répudiera les excès. Sa loyauté et son amour du bien public la transformeront. Nous pouvons acquérir en lui un vrai et précieux conseiller. Par ses lumières, son rapprochement et ses communications cordiales avec nous, cette loi vicieuse peut produire, sous sa direction, de sérieux avantages et respecter notre indépendance.

Chers concitoyens, nous cherchons à en neutraliser les dangers. Elle les manifestera promptement, si nos efforts n'ont pas de succès. La majorité de l'Assemblée nationale a dissous les gardes nationales ; elle a abrogé leur principe. Aucun citoyen, d'aucune condition ne lui présente assez de gages pour mériter de porter une arme. Elle possède l'arme législative ; elle n'entend pas en voir une autre, qui ne soit a la discrétion de la sienne.

Il reste une seconde garantie à la nation, qui est elle-même ; c'est-à-dire, les conseils municipaux et les maires élus représentant tous les citoyens. L'Assemblée va-t-elle abolir la nation ? Notre élection libre, réfléchie, offusque l'élection par surprise du 8 février ; elle a été sa condamnation. Cinquante-cinq départements ont prononcé le même arrêt sur elle et clos son viage, le 2 juillet. Elle se sent moralement dissoute. Elle veut se survivre.

Nous sommes encore la liberté. La loi des Conseils géné-

raux se charge d'avoir raison de ce qui en reste. Leur autorité absorbe la nôtre dans les travaux les plus importants
pour la prospérité publique, les finances, la propriété, surtout dans les campagnes (lisez les art. 24, 45, 86). Si nous
jugeons des résolutions mal entendues, des plans trop coû-
teux tout sera d'autant plus passionnément maintenu que
nous en aurons démontré les vices. La progression du système l'exige. Elle la veut rapide. Il faut renverser les obstc-
cles ; les municipalités en sont l'âme. On n'acceptera pas
d'avoir tort. L'opposition la plus droite et calme ne recevra
que des démentis. Notre indépendance et notre dignité seront
souvent mises à ces épreuves, et nos démissions provoquées.
On les obtiendra.

Donc après la dissolution des gardes nationales, celle de
trente mille administrations municipales. La victoire de
l'Assemblée sera complète. Elle peuplera toutes les fonctions de ses créatures. Elle sera l'administration et la loi, le
2 décembre des hommes d'ordre. Elle marchera sur le pays
entier.

Se croira-t-elle maîtresse de la France ? Les anciens ou
nouveaux adversaires de notre généreuse révolution espèrent-
ils ce triomphe sur elle ? Cette grande existence défie leur
faiblesse. Elle s'est allié le cœur de tous les peuples, et a
rallié à ses principes la plupart des gouvernements Elle
semble maintenant défaillante. Cruellement blessée par les
crimes des uns commis sous son nom, et par les complots
des autres, elle est dépouillée des institutions qui devraient
la couvrir. Qu'importe ! elle n'a pas besoin de boucliers,
elle est le droit; elle est le génie de l'avenir. Assiégée,
trahie par de vils enfants de ceux qu'elle a rachetés, désar-
mée, un jour suprême elle apparaîtra comme la foudre au-
dessus de ses ennemis, et leur dira : moi ! c'est moi!